Feuilles composées

© 2021, Bernard Franquin
Édition : BoD – Books on Demand,
12/14 rond-point des Champs-Élysées, 75008 Paris
Impression : BoD - Books on Demand, Norderstedt, Allemagne
ISBN : 9782322394975
Dépôt légal : Septembre 2021

Bernard Franquin

Feuilles composées

Edition BoD

A Sophie

Amarres

Feuillaison

Câlin, le soleil printanier
Taquine les têtes chauves,
Lutine les branches maîtresses,
Turlupine les troncs engourdis.
L'arbre ne reste pas de marbre.
Courent les frissons,
Débourrent les bourgeons,
Les toisons verdoient,
A foison ondoient.
L'ombelle s'ouvre,
Couvre petits et grands,
Croque le clair,
Crotte l'obscur.
Depuis la nuit des temps
Le toit des bois
Glisse le jour
Dans le ventre des arbres.
Lumineuse façon
De vivre sur un grand pied.

Feuilles

De garde en été, volantes en automne,
De vigne pour les culs-bénits,
Farcies par les goulus,
A l'envers pour les culs nus,
Elles mordorent les brumes
D'octobre,
Boutonnent les giboulées
De mars,
Moutonnent au fil
D'avril,
Mitonnent la douceur
De juillet
Décorent la nuit
De Noël.
Qu'elles prêtent un bout d'oreille aux soupirs des vieux
Chênes,
Rient à belles dents à qui leur trouve
Du charme
Ou percent les lèvres houspillant
Le houx,
Les feuilles se mettent en mille
Pour nous laisser bouche bée.

Double vie

Tremble la feuille qui a trop bu de sève,
La cirrhose ronge son foie. La peau jaunit,
Se couperose, roussit, mordore, brunit.
Beaux, laids, les tons tuent tout, la vie s'achève.

Se brise le pétiole où elle se branche.
Les limbes décollent, volent au paradis
Mais leur ciel est sur terre. « Revenez ! » leur dit
Le vent. Ils dégringolent en avalanche.

Peu à peu le sol les réduit en poussière
Qui donne vie à la glèbe nourricière.
Hier végétales, demain minérales,

Les feuilles disparaissent mais ne meurent pas.
De même les aïeux accompagnent nos pas,
Nous parlent longtemps après leur dernier râle.

Ombres et lumières

Elle erre en peine sur la terre,
Constelle de pleurs le petit matin,
Repère un gîte, rampe, l'atteint.
Midi tue toute retardataire.

Dès que l'assaille l'astre solaire,
Elle porte la coiffe d'un sapin,
La robe d'un buis, les nippes d'un pin
Qui la dérobent à sa colère.

Tapie au sol, l'ombragée présume
Qu'être au dehors du bois lui en cuirait.
Aussi torride qu'ombrageux, le rai
Allume, enflamme, bout, consume.

Le monstre enfin s'attiédit, l'ombre
Se détache du couvert de l'arbre,
S'allonge jusqu'aux tombes de marbre
Où le soleil boit son sang et sombre.

Satanique mise en sépulture.
Un halo de lune et des éclats
D'étoiles osent mettre le holà
Au noir de jais des forces obscures.

Chouettes et rossignols l'encombrent
De chansons, mais une grive ébauche
Son chant du cygne. L'aube s'approche,
Sabre au clair. La nuit fuit, reste l'ombre.

Soir d'été

Enfin le jour enfouit ses ardeurs,
L'ombre vespérale me tend les bras,
Ses pas exhibent le noir de ses bas,
Sa peau exsude d'exquises odeurs.

Midi transpire, minuit respire.
Air frais, chairs flasques se congratulent,
De sémillantes pensées ondulent
Sous la lune. La nuit les inspire.

Elles galopent dans la nature,
Chevauchent les étoiles filantes
A la recherche d'ensorcelantes
Diseuses de bonnes aventures.

Sous les astres s'embrasent mille idées,
Une coquine embrasse mon ventre
Et l'ardent démon de midi entre
Dans ma couche d'un air bien décidé.

Le chant de la terre

Dès que les clés de nos chants
Cliquent fa, do, sol,
La craintive clef des champs
S'enfuit sous le sol.

Quand Beethoven compose
Sa Pastorale,
Ses grands airs indisposent
La vie rurale.

Tout se tait, même la pie
Bavarde. Pinsons
Et mésanges sont tapis
Au son du basson.

Si l'hymne à la nature
Gêne les bêtes,
Bridons cette culture
Qui les embête !

Arrêtons nos festivals
Au milieu des bois
Et écoutons les cigales
Jouer du hautbois !

Triste comme la pluie

Les nuages ont gros ventres
Et pissent à grosses gouttes.
L'oie est en joie, le coq rentre
Le cou, la pluie le dégoûte.

Soûle, la terre dégueule
Sa bile. Des rus sillonnent
Les champs hérissés d'éteules
Qu'ils sapent puis abandonnent.

Un tas de corbeaux amaigris
S'y englue, noir de colère
De voir que ce sale ciel gris
Ne lâche que de l'eau claire.

Les rapaces montent aux nues
Tentent de les éviscérer
En enfonçant dans leur peau nue
Bec crochu et griffe acérée.

Le vent éparpille les freux,
Les chasse à grands coups de balai
Dans des craillements si affreux
Que les corbeaux deviennent laids.

Eaux troubles

L'été, l'averse
Éclate soudain.
Tombent à verse
Ses gouttes-gourdins.

    Les sols s'engorgent
    Les haies s'y saoulent
    Les creux dégorgent
    Les laies s'y roulent.

        Des rus limpides
        Ondoient dans les champs.
        La rue torpide
        Les boit sur-le-champ.

Vache qui pisse,
La pluie renverse
Les immondices
Les plus diverses.

    Sa serpillière
    Chasse la crasse
    Mord la poussière
    La plus tenace.

        Les bouches d'égout
        Où tout dégoûte
        Trouvent à leur goût
        L'eau qui s'égoutte.

Vile perverse,
La ville salit
L'eau qui traverse
Le creux de son lit.

    Sale et opaque,
    L'onde serpente
    Dans un cloaque
    De boues gluantes.

        L'eau tombe des nues,
        Le haut du pavé
        Des chics avenues
        L'a tant dépravée.

Septembre noir

Tic-tac, l'aiguille tricote
Le temps que la pluie détraque.
Un flot de flic-floc picote
L'eau gadouilleuse des flaques.

Dedans, le poêle crépite.
Le bleu des flammes chantonne
L'été, le jaune palpite
Sous les frissons de l'automne.

Au-dehors, le froid alarme.
La bise chasse la brise.
Dans un déluge de larmes,
Un lourd nuage se brise.

Avec un ciel si bas, Dieu vit
Dans le clocher de l'église,
Cloîtré. Le coq qui l'a suivi
Maudit l'eau qui le baptise.

C'est l'enfer. Le chagrin aigrit
Le crachin. Même le diable
Marche sur sa queue tant le gris
Rend les lieux impénétrables.

Eaux vives

Quand un vent guilleret
Rabat les nuages,
Leur cœur plein de rage
S'abat sur la forêt.

Des trombes géantes
Traversent le couvert,
Le bleu chasse le vert
Des flaques stagnantes.

Les eaux dégringolent,
Caracolent, glissent,
Trissent, s'enfouissent,
S'enfuient, s'envolent.

Le sol éparpille
L'orage sous les bois,
La verdure le boit,
Le ru l'entortille.

Entre deux mamelons.
Bruisse le ruisselet,
Court le mince filet
Tout au long du vallon.

Sans lit ni rivage,
Il lie la liberté
A la légèreté
De la vie sauvage.

Tonnerre de Brest

Le temps de cochon
Colle aux capuchons
Des vieux loups de mer.
L'eau imbibe l'air.
Le ciel bruine,
Le vent couine,
Le port moutonne,
Les mats détonnent.

Perlée d'écume,
La vague hume
La côte hachée
Qu'elle va lécher
Si fort que, rongée
Mâchonnée, mangée,
La pierre broyée
Se laisse noyer.

Roche riveraine
Qu'on voit fracassée
Qu'on dit fricassée
A l'armoricaine.

Pans de loques

Peu à peu, plouf, ploc,
S'érodent les rocs
De bric et de broc
Même s'ils font bloc
Face aux rudes chocs
D'eau vague aux longs crocs.

Noël au Léon

Fin est ce sable de plage,
Fou est ce vent de rivage,
Forte est la moue des visages.

Grains d'eau, de sable mélangés
Grattent cous et mains aspergés,
Griffent joues et yeux fustigés.

Longue mine de renfrogné,
L'un chemine encapuchonné,
L'autre se mine à ronchonner.

Soudain un beau soleil bondit,
Sous lui, la corniche blondit,
Souriante, la mer bleuit.

Lisières

La falaise eut beau s'ériger
Dans des à-pics à vertige,
Sacs, ressacs l'ont tant fustigée
Que divaguent ses vestiges.

La cité eut beau s'enrouler
Dans d'épais remparts crénelés,
La guerre les a écroulés,
La paix les a démantelés.

La forêt en mal d'enceinte
Ancra si profond ses orées
Qu'elles affrontent sans crainte
Orage ou tornade abhorrés.

Mais, sautant cette barrière,
L'ouragan troue troncs et tiges.
Ne reste qu'une clairière
Liserée d'arbres vestiges.

Orées vespérales

Au coin du bois se rassemblent
Des marginaux aux corps branchus,
Collets trapus et fûts fourchus,
Tant tordus qu'ils se ressemblent.

Du fond des bois leur est venu
Le désir d'être dans le vent,
Folle envie de danser devant
Ce disque qu'ils portent aux nues.

Entassés sur la lisière,
Ils s'entortillent dans le sang
Et or d'un soleil caressant
Leur tignasse buissonnière.

Tous les troncs oscillent en chœur
Sous la molle farandole
Des bras remerciant l'idole
De leur avoir fait chaud au cœur.

Fleurs et feuilles s'émerveillent
De l'ultime attrait des couleurs
De ses adieux ensorceleurs
Que chaque matin réveille.

Orées infernales

Quand le crépuscule ignore
Qui est chien, qui est loup, l'on sort.
Chants, sons, abois prennent essor,
Le bruit court, d'un pas sonore.

Croquent les dents, craquent les bois
Jusqu'à ce que la nuit tombe
Sur le bec d'une palombe
Ou le poil d'un cerf aux abois.

Le noir impose silence.
Les rossignols se rebellent
Et les sous-bois se constellent
D'éclats de leur insolence.

Se faufilent en lisières
Des haillons de lune rousse
Dont le halo éclabousse
L'eau stagnante des ornières.

Scintille alors le ver luisant,
Sautille aussi le feu follet
Sur le lapin pris au collet
Par un grand-duc au bec cuisant.

Orées aurorales

Enfin arrive le moment
Où l'astre lumineux gerce
L'orient, le perce et berce
Le flanc sombre du bois dormant.

Tout le monde se dit bonjour,
Des vagues de cris déferlent
Sur le plumage du merle
Qui flûte le lever du jour.

L'on se lave. Dans la flaque
De boue se noie la vermine,
Sous la rosée s'élimine
La crasse des herbes flasques.

Faim oblige, il faut trouver
De quoi se mettre sous la dent
Sans se montrer trop imprudent.
La mort est là pour le prouver.

L'arbre déjeune sur place.
A l'instant où le soleil luit
Ses mains vertes s'ouvrent à lui,
L'enfournent dans sa besace.

Lumineuse sylviculture

L'homme singe tomba de haut quand la forêt
Prohiba les feux et l'exila en rase
Campagne. De rage, l'homme sage arase
Son berceau, brûle l'arbre qu'il a adoré.

L'esprit brillant refuse d'être débiteur
De ce lieu sauvage, sombre et sans culture.
Jour après jour, il nuit à cette nature
Qui l'a soustrait aux griffes de ses prédateurs.

N'y cherchant que des poutres, l'ingrat perd de vue
Que la force obscure dont les bois sont pourvus
Les protège des coups d'un soleil assassin.

Appâté par ce tas de troncs à débiter,
Il troue la canopée, perce l'obscurité
De puits de lumière où reluisent ses larcins.

Sans les géants vient le néant

Couché sous un orme, j'entends sa complainte
Sur la dure contrainte d'ancrer fermement
La terre nue pour empêtrer le firmament
Dans sa ramure et empêcher ses étreintes.

Prude point de vue ! Rétorque avec faconde
Son voisin au charme coquin. Nos ramilles
S'incrustent dans le ciel pour que s'émoustille
La terre qu'à travers nos troncs il féconde.

Intervient alors un chêne antédiluvien :
Notre sève de géant fait le va-et-vient
Entre Gaïa et Ouranos émasculé.

Ce travail de titan rend le monde radieux.
En nous abattant, les fous qui se croient dieux
Érigent à leurs enfants un beau mausolée

Danse de Saint-Guy

Aujourd'hui banni, autrefois béni,
Le gui s'englue d'une baie qui nourrit
La grive lorsque l'hiver s'ingénie
A étriper ceux que la faim meurtrit.

L'arbre ne le maudit pas s'il élit
Domicile en lui car il s'y blottit
Sans envahir son bois puis le sertit
D'émeraudes que la bise polit.

Le hêtre n'en est jamais investi,
Les peupliers en sont souvent nantis.
Bouffi de sève qu'il boit à l'envi,
Il les flétrit quand tarit l'eau-de-vie.

Pâques le fleurit, Noël le chérit.
Étourdi d'odeurs de dinde farcie,
Le vampire haut pendu rétrécit,
Vomit le fiel de sa sorcellerie.

Où le gui parasite le logis
Les druides ressuscitent sa magie.
Sous sa guirlande, l'an neuf nous convie,
Lèvre embrassée s'embrase pour la vie.

Silence glacial

Tôt le matin, une brume épaisse
Brouille le vallon, blanchit l'haleine
Des moutons, givre l'herbe que paissent
Ces gloutons engoncés dans leur laine.

Près du pré, le ruisseau ne chante plus.
Un filet d'eau glisse sous la glace,
Voix étranglée, voie engorgée, reclus
Jusqu'à Pâques dans sa carapace.

Midi éparpille enfin la poisse,
Le jour emperle le gris oppressant.
Doux et apaisant ciel bleu que froisse
Le soleil en se couchant dans son sang.

La lune le saigne à blanc et l'aube
Pointe son nez dans le moelleux d'un lit
Où le coq est coi. La neige enrobe
Sa crête, lui cloue le bec, l'amollit.

Les flocons ont happé les souillures,
Les sons s'étouffent dans la ouate
Et l'air pur se fait dur. La froidure
Se fiche en ses vides, les colmate.

Plus un cri. Le silence s'en repaît,
Fussent-ils du cœur, fût-il de pierre.
La nature morte veut vivre en paix
Dans cet Éden revenu sur terre.

Douche écossaise

L'azur se grise
De noirs nuages.
Nues qui se brisent
En froids orages
Lorsque la brise
En prend ombrage
Et pulvérise
Leur rembourrage.

Le ciel se traîne,
L'air le renifle
Et se déchaîne.
Son souffle siffle
De joie malsaine
Quand il persifle
Sa panse pleine.
De griffe en gifle,
Fond la bedaine.

La nue condense
Et pleure à verse.
L'outrecuidance
La bouleverse.
Sur l'air de danse
Qu'elle traverse
Sans discordance,
L'eau se déverse
En abondance.

Eaux mortes.

Eaux fortes.

L'hiver, le gel étreint l'étang,
La glace a enseveli l'eau
Morte, la neige épaisse étend
Sa pâleur, éteint tout sanglot.

> *Fin mars les bergeronnettes*
> *Teintent de jaune la mare*
> *Toute verdie de rainettes*
> *Coassant en tintamarre.*

L'étang est boue quand bout l'été.
Le poisson rare y grenouille
Sous un pauvre saule étêté
Où nul pinson ne gazouille.

> *Aux pluies d'automne s'amarrent*
> *Les feuilles qui valsent au vent.*
> *Or, argent, cuivre chamarrent*
> *L'onde morte en tableau vivant.*

Les quatre éléments

Le feu aux fesses, l'eau de mer monte
Aux nues, flotte au vent, joue la fille
De l'air qui rit aux larmes, gambille
Sur terre, s'y roule dans la honte.

A tout vent, l'air de rien, le souffle court
Sans qu'on ne le voie, on entend sa voix
Quand il est mauvais ou qu'il se fourvoie
Dans le sol d'un chant, le feu d'un discours.

Fait feu de tout bois cette fournaise
Qui brûle les cœurs lorsque tombe à l'eau
Le coup de foudre. Hissé bien trop haut,
L'amour change d'air, vole à son aise.

Ne fait pas long feu l'amour céleste,
Il dure en gardant les pieds sur terre
Douce et moussue, loin d'un cœur de pierre.
A le bec dans l'eau qui le conteste.

Pierre de touche

La queue frétillante
De joie, mon chien aboie.
Qu'il pleuve ou qu'il vente,
Le soir nous mène aux bois.
A peine sommes nous
En marche que le bruit
Court que deux loups-garous
S'enfoncent dans la nuit.
Du pin où il niche
Le geai vitupère,
En quête de biche
Erre un pauvre hère.
J'avance sans les voir.
Je vais les yeux rivés
Sur la peur de surseoir
Le moment d'arriver
Au sommet de ce mont.
C'est là que tu m'attends
Nue, le lit de limon
A fui depuis longtemps.
Sur toi je me couche
Épouse tes formes,
Flanc à flanc farouche
Où tu me transformes.

Mon sang suit les veines
Qui irriguent ton cœur,
Nos sens se déchaînent,
Tu me prends, je me meurs.
Je sens l'âme sortir
De mon corps animal
Pour aller se blottir
Dans ton roc minéral.
Combien sont précieuses
Ces minutes passées
Sur ta chair gréseuse !
Bonheur d'outrepasser
Cette heure fatale
Qui nous fera taire
Tu seras tombale
Je deviendrai terre.

Ages de pierre

Comme l'eau courante, la pierre est vivante.
Solides granites ou laves brûlantes
Jaillissent sur terre en éruption violente
Saillissent les cieux en érection fervente.

La terre tremblante met bas la montagne.
La roche grimpe, grattouille le bleu du ciel,
Décoche des blocs au haut des flots torrentiels
Qui changent la plaine en pays de cocagne.

Le roc, ridé par le vent, usé par les ans,
Se retrouve en loques au fond des océans
Et se pétrifie au gré de la nature.

Tel un phénix, la pierre se régénère,
L'homme que l'on veut immortel se vénère
Par une stèle marbrant sa sépulture.

Labourage des pâturages

Le coutre la renverse
Des dents de fer l'agressent
Le maïs s'y déverse
La potasse l'engraisse

Arasée violée souillée
La terre nue est en pleurs
Partout sont écrabouillées
Ses herbes folles de fleurs

Subsiste un rare alpage
Où l'homme la laisse en paix
Nul soc ne l'endommage
Seule la brebis y paît

Des cœurs tendres fustigent
L'œil qui lorgne ses gigots
Leurs estomacs s'infligent
Diète et broutages frugaux

Manger l'agneau innocent
Rend nos Pâques coupables
Mais n'est-il pas menaçant
Ce sac de terre arable ?

Tout n'est pas bon dans le cochon

Je pense que l'homme est bête s'il se pense
Supérieur aux autres bêtes qu'il enferme
Ensilées dans du maïs au fond de fermes
Isolées, de la merde jusqu'à la panse.

Donc je suis en droit de traiter de cannibale
Mon frère qui déchiquette ses semblables.
Pourquoi ne concocte-t-il pas de délectables
Plats avec les plantes qui nous sont inégales ?

Il me rétorque que la vision de la terre
Doit être égalitaire et non humanitaire.
L'herbivore est aussi brut qu'un carnivore.

Phytocide et labour tuent les herbes folles,
Parquent dans un champ la même graine molle.
Cochonnant tout, l'homme est un porc omnivore.

Bestialité

Les tortionnaires sont cloués au pilori.
Tant de cochons égorgés, de bœufs ou chevaux
Écorchés, d'agneaux charcutés ou de chevreaux
Éventrés pendent aux crocs de leur boucherie.

On étrille les tenanciers de ces morgues
Offrant des cadavres à d'affreux carnassiers
Mais on frétille aux charges de nos cuirassiers
Sabrés à mort par un ogre plein de morgue.

Bien fou est souvent l'homme qui se dit penseur,
Bien fat est toujours l'homme qui se fait censeur
D'une nature échelonnée selon ses goûts.

Vert de rage coule le sang des végétaux
Quand meurt une fleur au fusil de ce rustaud
Ou sous les doigts amourachés d'un tel grigou.

Salades de saison

Un doux soleil printanier caresse
Les prés que la giboulée féconde,
Cresson et pissenlit y abondent.
Au chaud des couches de grosses blondes
Se laissent aller à la paresse.

L'été et ses alléchantes laitues
Attirent la vorace limace
Qu'au matin le maraîcher pourchasse
Pendant que l'oseille se prélasse
Sans que tombent sa robe et ses vertus.

La chicorée se frise en automne.
Sa grande sœur scarole tapisse
Le sol nu du jardin des délices.
Craquants à croquer, leurs cœurs jaunissent
Sous le jute qui les enjuponne.

L'hiver venant, l'endive s'encave,
Ses chicons trop chétifs appréhendent
Qu'une froide bise les pourfende.
Sont libres toutes ses plates-bandes
Que mange une mâche sans entrave.

Amis

Effeuillement

Souffle le vent,
Siffle le froid,
S'éclipse l'hirondelle,
S'exclame une bande de freux
Noirs d'effroi
Devant la mort.
Pour son dernier voyage
La feuille se fait belle,
Or, ambre, vermeil enluminent
La pâleur de son teint.
Lorsque la faucheuse
Coupe le cordon
Qui la lie à la vie,
Elle ne pleure ni ne râle,
Mais danse d'allégresse
De retrouver la terre,
Sa chère vieille mère.
Sa robe ouate le gel,
Se love dans ses rides
S'estompe dans son giron,
S'englue dans ce sang
Jaillissant de vie,
Bourgeonnant de joie
Quand revient l'hirondelle.

Entre chien et loup

Il se couche à mes pieds dès que je m'assois
Et saute à mon cou sitôt que je me lève,
Fidèle toutou que la forêt enlève,
Met hors de lui, au loin de moi, chacun pour soi.

Il lèche la main qui le lâche, trottine
Dans la rocaille puis s'enhardit, fouine,
Flaire les dessous des broussailles, couine
De peur lorsque le fouaille l'églantine.

Le fou court partout, buvant aux souilles, bavant
D'envie de retrouver sa vie d'auparavant,
L'extase de hurler en loup solitaire.

Le sauvage habite les bois magiques
Où, tous, nous venons vénérer les reliques
De profondes racines identitaires.

Raminagrobis

Le fauve se prélasse sur la bergère.
L'œil droit dort. Le gauche mi-clos mi-aux aguets
Zyeute le zigoto heureux de zigzaguer
Dans le zézaiement de son aile légère.

L'anophèle susurre, à tu et à toi
Avec le matou qui peu à peu ronflotte
Assommé de rengaines où se chuchote
Le désir de suçoter le sang du matois.

Quand le moustique se pose sur le naseau,
Un crochet fulgurant percute son museau,
Écrabouille le rostre trop en confiance.

Aucun félin ne dort sur ses deux oreilles.
Si tu t'en approches pendant qu'il sommeille,
Le chat te regarde en chien de faïence.

Chat-huant

Dès potron-minet,
Moustache fouineuse,
Œil fureteur,
Le chat chasse
En catimini,
Sans *miaou-miaou*.

La nuit le dépiaute,
L'évide, l'emplume.
Frisson furtif,
Son ombre vorace
Ondoie sous la lune.
Le hibou est cri :
- *Ou-ou !*
- *Hou, Hou !*
Le merle l'étrille dans l'écho du matin.
…Couic !
Une patte lui vole dans les plumes,
Des crocs le croquent.
- *Mieux vaut se mordre la langue*
  Que la donner au chat.
Gringotte le gentil rossignol d'un air si chouette que
…Couac !
Le flûtiste tombe sur un bec.

Le voilà coi.
Comme quoi,
Un chat dans la gorge
Lui aurait probablement sauvé la vie.
- *Non, noir à midi ou gris à minuit,*
Tout mistigri porte malheur !
Chicote une souris verte courant dans l'herbe.
- *Surtout quand il joue à chat perché !*
Grince-t-elle devenue chauve au soir de sa vie.

Hué le jour par des cris d'orfraie,
Huant la nuit, le chat effraie.

Foi d'oie

Entre des poules plus noires que des corbeaux,
Deux oies, plumes blanches, pattes trébuchantes,
Sont canardées de cocoricos que chante
Sans fin le barde local au bruyant jabot.

Quel caquet ! Le jars jure de l'écrabouiller,
Tend le cou, menace du bec, siffle l'idée
De lui voler dans les plumes. Intimidé,
Le coq court cacher sa chair de poule mouillée.

Une fois le couard coi, les oies cacardent
Sur l'égalité des sexes et brocardent
Le harem de ce roi de fosse d'excréments.

L'une couve les œufs, l'autre couvre des yeux
Celle qui l'envoûte d'un lien mystérieux,
Les deux gavées de foi en leur attachement.

Basse-cour

Le dindon se pavane,
Exhibe sans retenue
Sa caroncule charnue
Et la cane en ricane :

« Coin-coin ! Que ce musculeux
Est laid quand il glougloute
De colère et encroûte
De bleu son front pustuleux.

Le col vert de nos mâles
Est bien plus ravissant ! »
D'un cocorico puissant
Maître coq s'intercale :

« Ma crête est la couronne
Du plus noble de la cour.
Tu dois me faire la cour
Ou l'ergot t'éperonne ! »

« Fol ego ! » Cacarde l'oie
En voyant le fermier
Égorger ce fier roi
D'un gros tas de fumier.

Accord de basse-cour

La poule caquette,
L'oie cacarde,
La pintade cacabe,
La cane cancane.
L'homme canarde.
Couic ! Crac !
Les cadavres sont froids,
Les coincoins sont cois.

Ordonnance de haute-cour

Le cochon grogne,
L'âne brait,
La vache meugle,
L'homme grogne, braille, beugle….
« Honni soit l'animal qui pense ! »
Hennit le cheval.

Correspondances

Dans la ferme	*A ciel ouvert*
L'âne brait	Le cerf rait
Le chat miaule	La buse piaule
Le poussin piaille	Le faisan criaille
La cane cancane	L'hyène ricane
La poule caquette	La cigogne claquette
Le bouc béguète	L'éléphant barète
Le paon braille	Le corbeau craille
Le pigeon roucoule	Les tourtereaux aussi.

Cliquetis de chaîne alimentaire

Le lapin clapit,
Le renard glapit,
L'aigle glatit.
Mais, sapristi,
Quel est le chuchotis
D'une carotte abroutie ?
Quand la plantule
Se démantibule,
Son cri se dissimule
Dans l'herbe qui ondule.
La sauterelle le stridule,
La fauvette le zinzinule,
La chouette le hulule.
La rieuse incrédule
Jappe qu'elles affabulent.
Or, depuis que la libellule
A croqué ce cri minuscule
Plus un son ne circule
Entre ses mandibules
Pourvu que cette oiselle
Becquette la demoiselle,
Avec cette muette mouette
Nos côtes seraient plus chouettes !
Ainsi, beugle le bœuf,
Son vœu meurt dans l'œuf.
Personne ne peut l'entendre,
Le daubé s'est fait prendre
Par le bouquet de carottes
D'une jolie cocotte.

De mal en pis

Foin d'un bon fourrage de qualité !
Le bétail ne paît plus, l'herbivore,
Se repaît de farine animale.
Juteux pis-aller que ces vacheries
Qui graissent la patte et grisent l'esprit
Des vaches devenues anormales !
D'un coup dans l'aile, les carnivores
S'envoient en l'air brouter la voie lactée.

Une nuée d'énormes pies blanches
Et noires encorne les nuages.
Le gros saigne comme un bœuf, le petit
Pleure comme un veau, il pleut à vache
Qui pisse. Dans l'étable se cache
Le fermier, craignant d'être empuanti
De bouses vertes que ces sauvages
Larguent en ruminant leur revanche.

Mort aux vaches ! Que fait la police ?
Les foules se défoulent en beuglant
Vouloir bouffer de la vache enragée.
Ces pies à lait dépassent les bornes.
L'État prend le taureau par les cornes,
Des garde-bœufs piquent ces ravagées.
Bouffis d'abats vachement affolants,
Nos sémillants cerveaux s'avachissent.

Prions pour eux !

Vallées vosgiennes

La rude fraîcheur de l'aube les embrume
D'un profond mystère. Nul soleil ne perce
Cette épaisse brouillasse tant qu'elle berce
Un halo de lune que l'aurore inhume.

La grive trille. Son aubade émerveille
Le merle qui la siffle. Puis la mésange
Zinzinule, le pinson tutoie les anges,
D'infinies odeurs et couleurs se réveillent.

Tintinnabulent des troupeaux de sonnailles
Qui, pas lourds et pis légers, quittent la paille
Des étables pour enherber leur gros bedon.

L'hiver boute les bovins hors des pacages,
Les met sous cloche, dans de fétides cages,
Et les vaux sans vaches s'empoissent de bourdon.

Vols d'oiseaux

Au verger sans fleurs, l'abeille
Se meurt, les oiseaux grappillent
Les fruits à pleines corbeilles.

Les grives sont sans pareilles
Pour flûter ce que gaspillent
Les buveurs de jus de treille.

Nul bigorneau ne sommeille
Quand étourneaux et pies pillent
L'arbre aux cerises vermeilles,

En vain, la fraise conseille
Aux fins becs qui la torpillent
De goûter à la groseille.

Soudain, d'un cri perce-oreille,
Les geais aux aguets houspillent
Ceux qui bayent aux corneilles.

Un chat rôdeur les surveille.
Les chapardeurs s'éparpillent
Vers d'autres monts et merveilles.

Le rouge-gorge

Le rouge lui monte au front,
Un rival en goguette
Chante dans sa guinguette,
Il lui faut venger l'affront.

Volent ailes et griffes
Dans les plumes de l'intrus,
Clouent le bec malotru,
Expulsent l'escogriffe.

Drôle d'oiseau rubicond
Qui se montre très méchant
Envers ses frères de chant
Et charme tous les balcons !

Se pourrait-il que du pain
Émietté adoucisse
Les mœurs dévastatrices
De ce Roméo des pins ?

Longtemps il a promené
Son jabot croquignolet
Sous le vert de mes volets.
Las ! Mon chat l'a malmené.

S'est tu l'oiseau rubescent
Aux courroux impossibles
Et cou roux impassible.
Reste une tache de sang.

Sais-tu quand son compère
Viendra faire renaître
Son chant sous mes fenêtres ?
Mon gros chat désespère.

École buissonnière

Un, deux, trois, glousse la poule.
L'ergot compte, l'œil surveille.
Cinq, six, sept petites boules
A la plume d'or s'égaillent
Aux quatre vents. Huit pépient
A tout-va. A neuf, les poussins
Ne voient pas que les épie
Un chat au regard assassin.
Dix, onze, douze. Le compte
Est bon. D'un cri sourd, la maman
Les met sous son aile, prompte
A les défendre vaillamment.
Elle se donne sans compter
Mais veille sans cesse au nombre
De marmots. Manque un effronté,
Son bec fouille la pénombre.

Nulle école ne l'embête
A réviser table et leçon.
Celle que l'on pense bête
Se dégourdit dans les buissons.

Pique-nique

Repu, couché dans l'herbe, je m'ensommeille.
Deux ailes fébriles froufroutent dans la nue,
Emmiellent mon rêve d'une envie saugrenue
De fée volage et d'aréoles vermeilles.

Noire, sa guêpière m'enténèbre l'esprit,
De jaune l'éraille son rire empoisonné,
Sa taille fine enfle un désir irraisonné,
Je me pique d'aimer son corps, j'en suis épris.

Je tends mon bras vers la belle elle s'envole,
Ce n'était que chimère d'un cœur frivole.
Demeure la bête qui m'enfonce son dard.

Pas folle la guêpe déguerpit. Tel est pris
Qui croyait prendre. Gonfle le membre meurtri,
Se met en berne le flamboyant étendard.

Qui se sent morveux se mouche

Noire et grosse,
Elle bourdonne
Chut ! Tout se tait
Lorsqu'elle vole.

Noir, grêle, farouche,
Le poids mouche
Engage l'escarmouche,
Nous tape dans l'œil,
Se couche sur notre front,
Se douche dans le carafon.
En vain la fine bouche
Devient aigre, la fine mouche
Sait bien qu'elle ne ferait pas de mal à une mouche.

Bleutée, dodue, trapue,
La chair lui est chère.
Ses pattes crochues.
L'écrivent sur les murs.
Tant pis pour la taille de guêpe !
Ceux qui, bouche bée,
Gobent ce bout d'azur
Se mouchent dans les nuages.

Verte, cuivrée,
Elle danse avec élégance
Dans l'appétissant fumet
De fèces fumantes.
Des tatillons louchent
Sur ses fesses, les touchent,
Cherchent la merde.

D'un brun poilu,
Le taon butine
La fleur des peaux
A fleuret, hélas, non moucheté.
Dès qu'il fait mouche,
Il effarouche.

Striée d'or,
Elle fait son miel
De fleur en fleur.
Manque de pot !
Ignorant laquelle l'a piqué,
Le paysan fou les pulvérise.
Toutes tombent comme des mouches.

Noir destin

L'hiver se met en guerre,
Un froid sec gèle le sol
Claquemurant sous terre
Rats, souris et campagnols.

Au ciel, la buse affamée
Allonge son vol plané
D'oiseau de proie malfamé
Sans même un ver à glaner.

Le ventre plein de rancœur,
La diva miaule sans fin.
Des corbeaux braillent en chœur
Qu'eux aussi crèvent de faim.

Dégénérés en bandits
De grand chemin, les noirauds
Guignent le chat étourdi
Par la roue d'un tombereau.

Les charognards étripent
La bête toujours en vie.
Becs et griffes l'agrippent,
La dépècent à l'envi.

L'un gobe la cervelle,
L'autre becquette les yeux
Avec la joie cruelle
D'aguicher un tas d'envieux.

Proie et prédateur

Tapi dans l'herbe, le renard guette,
Un campagnol grignote une écorce,
Goupil l'écorche, le déchiquette.
Un lynx l'épie, l'approche avec force
Détours, l'égorge sans voir le fusil
Meurtrier de l'homme qui le vise.
La bête ne tue pas par fantaisie,
Le bête l'extermine à sa guise.
Un jour, la nature qu'il éventre
Aura sa peau. Sitôt qu'il succombe,
Un tas de vers grouille dans son ventre,
Un tapis d'herbe ronge sa tombe.

Amours

Effeuillage

Il la caresse,
Lui vante l'allégresse
D'aller au loin
Tout contre lui,
Libre de vivre sa vie.
Elle se trémousse
Mais le repousse,
Dure est la fibre
Qui la relie à ses racines.
Il se fait doux,
Murmure, susurre
L'ivresse de l'envol.
De bise en bise
L'attache se brise.
L'amant l'emporte,
Morte de peur.
Se déchaînent les désirs,
S'enchaînent les plaisirs
Du paradis céleste.
Enfer ! Ce n'est que du vent.
Empourprée de honte,
Elle redescend sur terre
Poser au pied de l'arbre
Sa robe toute souillée.

Printemps

Monte et tourbillonne
La sève boueuse,
Plonge et papillonne
La bête joueuse.

Surgit, bondit, jaillit
La vie en ébauche.
Rugit, vrombit, saillit
L'envie de débauche.

La fleur répand au vent
L'odeur de sa beauté.
Le cœur s'éprend souvent
D'ardeurs au débotté.

Les croupes s'exposent,
S'avivent de plaisirs.
Les couples explosent,
Avides de désirs.

Une folle bouche
Embrasse l'inconnue.
Une molle couche
Embrase sa peau nue.

Les chères maîtresses
Gloussent sans lendemain
Quand les chairs traîtresses
Glissent entre les mains.

Si, à corps éperdu,
Les amants s'enlacent,
Sitôt le nord perdu,
Les aimants se lassent.

L'amour déboussole,
Subjugue la raison.
L'humour la console
Des fugues de saison.

Mars

Dieu dur de la guerre,
La giboulée te rend doux.
Limons et sils naguère
Gelés fondent en gadoue.

Eau, air, sol, tout se fait mou.
S'en va le brun austère,
La sève sort en remous
Du giron de la terre.

L'averse vient à bout
D'un hiver mortifère.
Le vert colore la boue,
Le ver y prolifère.

Voilà le printemps filou,
La nature exubère,
Les louves ont faim de loups,
Le sexe se libère.

Mars aux terribles courroux,
Ta lance meurtrière
S'émousse dans les froufrous
Des robes adultères.

Au fil d'avril

Le hêtre en foliaison.
Est sens dessus dessous.
L'être en folle liaison
Est souvent sans dessous.

L'écorce se mousse,
L'arbuste s'enfeuille.
Les corps se trémoussent,
Les bustes s'effeuillent.

La fleur s'enfièvre,
Le bourgeon s'éventre.
S'effleurent les lèvres,
Bourgeonnent les ventres.

Un fol rut de saison
Colle tronc contre tronc
Charmes en frondaison
Et charmants gais lurons,

Chaleurs estivales

La brise
Paresse
Sous la treille
Alanguie
De soleil.

    Ta bise
    Caresse
    Mon oreille
    Alourdie
    De sommeil.

        Le vent
        Ivre-mort
        Assomme
        Le temps.

            Ta dent
            Croque, mord
            Ma pomme
            D'Adam.

                Ta lèvre
                Picore
                Mon corps
                En fièvre.

Tu cueilles
Ma bouche,
Ma couche
T'accueille.

    Tes bras
    S'y glissent,
    Mes draps
    Se plissent

        Mes mains
        Te palpent,
        Tes seins
        Se galbent.

            Entre
            Nos ventres
            Émerge
            Ma verge.

                Ta fente
                Béante
                L'attire,
                La retire.

                    Va-et-vient
                    Pelvien,
                    Tohu
                    Bohu.

Tableau champêtre

L'herbe ondule,
Au vert s'épanche
Sa croupe blanche,
La chair copule.

Sous les ombelles,
S'ombre la terre.
Dans l'adultère,
Sombre la belle.

D'amour en rose
Son cœur se grise.
Sa fleur irise
Le jour morose.

Tombe le désir.
La rose ternit,
Sa robe jaunit.
Vole le plaisir.

L'oiseau stridule.
S'en va la belle
De l'aquarelle.
L'herbe ondule

O tempora, o mores !

L'hiver cuirasse les filles.
De gros collants haussent les bas,
Une laine épaisse rabat
Tout téton qui la houspille.

Le printemps fend les armures.
Jaillissent gorges et cuisses,
Blanchâtres inspiratrices
De secrètes boursouflures.

L'été, seins et croupes hâlent
Sous les baisers d'un vent taquin
Quand le dard d'un soleil coquin
Scintille dans l'œil des mâles.

L'automne les cueille belles
Et mon rêve aux doigts peu sages
Déboutonne les corsages
Où se nichent deux rebelles.

Le baiser à mort de Casanova

Au vent qui essaima
Son vit au gré des jours,
A l'ombre où il aima
Tant de fois pour toujours,
Il écoute mûrir
L'effroyable baiser
Où viendront mourir
Ses lèvres épuisées.

        Jadis, de bras en bras,
        Le sémillant lutin
        Honorait fièrement
        Ses galants rendez-vous.
        Le voici à genoux
        Suppliant humblement
        D'éloigner la catin
        Qui l'ensevelira.

Sentant avec stupeur
Que son cœur succombe,
Le vieux tombeur a peur
D'être mis en tombe.
Le mauvais coucheur craint
D'être à jamais couché
Dans un maudit écrin
Sans vierge effarouchée.

Effusions

Leurs yeux s'aguichèrent,
Un baiser les souda,
Leurs chairs s'accrochèrent,
L'orgasme les scinda.

De langoureux soupirs
Troublent le doux accord
Où vient de s'assoupir
L'intense corps-à-corps.

Étant l'un dans l'autre,
Ils avaient l'illusion
D'être l'un et l'autre.
Chimérique fusion !

Après les soubresauts
L'animal à deux dos
Se coupe en deux morceaux
Qui tirent les rideaux.

Lueur impossible
Car les voilà certains
D'être inaccessibles,
Tout proches, tant lointains.

Mon amour

Comme les enfants sifflent
Quand leur âme est anxieuse,
Je bois quand tu renifles
Combien tu m'es précieuse.

Dès que tu es sous mon toit
Mon cœur s'ébat, plein d'émois.
Il ne bat plus, loin de toi,
Car il t'aime plus que moi.

Cet amour est si brutal
Qu'il me choque, si bestial
Qu'il me croque, si vital
Qu'un jour il sera fatal.

De peur qu'il te fasse peur,
Je le mets sous l'éteignoir,
En parle d'un ton trompeur
Et le teinte d'humour noir.

Tu ris mais sous ton rire
Se cache l'espoir de voir
Combien mon cœur soupire
Quand tu lui dis au revoir.

L'amour fou

« Je pars », dit-elle froidement
Et la porte s'ouvre. Je bous,
Blêmis, bondis. Sitôt debout,
Je crie, cours comme un dément.

Trop tard ! Nul son de haut talon.
Sa silhouette a disparu.
Traînaille encore dans la rue
Un doux parfum de cheveux blonds.

Je le ramène à la maison,
L'enferme dans ma mémoire,
En deviens fou jusqu'à croire
Qu'il la ramène à la raison.

La nuit des temps

Jamais je n'ai connu de jours
Heureux depuis la sombre nuit
Où tu t'es enfuie pour toujours.
Midi est plus noir que minuit
Quand je mange seul à table
En buvant l'eau que je pleure.
Ton absence insupportable
Me rend fou au point qu'affleure
Parfois un mot doux que souvent
Tes tendres lèvres susurraient.
Murmures ou souffle du vent
Qui court ailleurs l'instant d'après ?
Aujourd'hui, il tourbillonne
En tempête dans mon crâne,
Siffle aux oreilles, bouillonne
De fureur. Mon cœur se fane.
Les bluettes s'amoncellent.
Elles passent, tu demeures.
Nulle autre ne m'ensorcelle.
Il faut que notre amour meure.

Cupidon

Frivole
Tu lasses
Passes
T'envoles

Vorace
Tu voles
Violes
Fracasses

Tu batifoles
Enlaces
Embrasses
Nos cœurs s'affolent

Tu les pourchasses
Enjôles
Cajoles
Et les terrasses

Promenade dominicale

Bleu gris, le ciel écrase la plaine
Bouillie par un août caniculaire.
Un canal promène son eau pleine
De boue et d'algues tentaculaires.

En lui pataugent d'énormes carpes
Sous des colverts muets. Aucun coin-coin
Ne froisse l'onde, nul bruit n'écharpe
L'air, la touffeur tue tout tintouin.

L'eau léchouille un chemin de halage
Où vadrouille mon chien, langue pendue.
Le chaud s'enfourne dans son pelage
Tant noir que dru, à se vouloir tondu.

Sophie le plaint, s'attendrit, me sourit.
Fille de la ville, ma compagne
A bon babil, un flot de mots fleuris
Verdit le jaune de la campagne.

Nos pas nous mènent vers une écluse.
Six noyers baignent la berge d'ombre
Si rafraîchissante qu'elle infuse
Le désir d'en décupler le nombre.

A mon oreille, la pie jacasse
Gaiement. Le ton badin se refroidit
Soudain, l'ours taciturne l'agace.
Mais cause donc ! Il se le tient pour dit.

A l'instant même, un cheval de fer
Troue au triple galop le pré des bœufs
En train de ruminer. Son cri d'enfer
Saccage la paix du monde herbeux.

Un monticule avale la bête
A grande queue mais dans son sillage
Un lourd silence de mort hébète
Longuement faune et flore sauvages.

J'y vois belle aubaine de proférer
Combien son bavardage dérange.
Depuis lors, je sais que les voies ferrées
Éraillent la douce voix des anges.

Près des yeux, près du cœur

Sur le pas de la porte
Elle jette un œil discret,
Craignant qu'il ne colporte
Les dégâts d'ébats secrets.

L'âme bleuie par ce coup
D'œil, mon cœur tombe amoureux.
Il court se pendre à son cou,
A le rendre tout goitreux.

Que n'ai-je alors les lèvres
Qui tantôt l'ont embrassée
Plutôt que ce cœur mièvre
Qui aime l'embarrasser !

Sur l'amant qui se cache
Je dirais pis que pendre
Pour qu'elle s'en détache
Et ait un cœur à prendre.

L'union fait la faible

A la sainte Catherine
Des filles en quête d'époux
S'émoustillent sous leur chapeau.
Au sein des seins tambourine
Leur sang si dense que les pouls
Dansent dansent à fleur de peau.

Fort marries seront ces belles,
Chagrinées de ce qu'un prince
Les ait charmées en gribouilles.
Au mari restez rebelles !
Ce mâle qui vous évince,
Vous mâte, vous écrabouille.

L'un fait la noce, l'autre n'y est pas

Bobonne fait tout, un rien menace la paix.
Bonhomme tue le temps battant la campagne
Pour trouver la verge qui roue sa compagne,
De bleus, marques insignes d'un profond respect.

Il coupe les ailes de son ange et aime
La joie volage d'une fille du trottoir
Qui s'offre pour quelques sous aux coups de boutoir
Qu'à tout vent, en tout ventre, le diable essaime.

La sainte vit l'enfer chez son mari jaloux
La traitant de traînée si le regard filou
D'un autre matador effleure sa vertu.

Bête de cirque riche avec collier au cou,
Bête de somme chiche bariolée de coups,
Ce sexe a un faible pour un nouveau statut.

Belle hétaïre

Tes frais atours, taille fine et tétons fripons,
Attirent le satyre à tempes argentées,
Se nouent des liens dénués de chasteté,
Se dénouent cordons de bourse et de jupon.

Mise à nu par des gens puissants qui te couvrent
De leurs bijoux, tu étoffes ton entregent.
S'ouvrent les dîners mondains aux couverts d'argent
Que l'on dessert quand l'entrejambe s'entrouvre.

Ton cœur sait-il que tes coucheries font le lit
D'une rancœur où se dit que ta vie salit
Celle de toute pauvre femme honnête ?

C'est sur toi, dépravée, que sonne l'hallali,
Nul ne traque ceux qui te vautrent dans la lie
Tant sont respectés tes riches proxénètes.

Démon et merveilles

Noire échevelée fut la descente aux enfers
Du quarantenaire rougissant des plaisirs
Que le sexe des anges donnait à loisir
Dans le septième ciel d'un ardent Lucifer.

Blondes évaporées les jolies brindilles
Déficelèrent les cordons de sa bourse
Amoncelèrent des trésors de ressource
Pour escamoter ses bijoux de famille.

La queue leu leu de midinettes posséda
Ce fougueux démon de midi, dilapida
Son bas de laine, l'abandonna en haillons.

La queue basse, il compte les jouvencelles
Qui ont suçoté l'or de son escarcelle.
Les contes de fées sont des attrape-couillons.

Mon dieu

Donnez-moi la force de pardonner
La vie désordonnée de mes amis
Diablement enclins à abandonner
Leur vertu dans les bras de l'infamie !

Punissez leurs satanées maîtresses !
Elles ravagent ma foi en charmant
Dévots et bigots qui vous délaissent
Et me laissent plein de ressentiment.

Qu'en pénitence ces pécheresses
Brûlent d'amour pour ma sale gueule,
Qu'un feu d'enfer embrase les fesses
Des plus dépravées aux plus bégueules !

Si dès aujourd'hui vous les condamnez
A frotter leurs rondeurs sur mes raideurs,
Ces beautés du diable seront damnées,
Âme et corps horrifiés par ma laideur.

Le viol originel

Violente est toute naissance
La graine s'éventre, gerce
La terre, la mord, la perce,
La boursoufle d'excroissances.

Dans un cri de délivrance
L'enfant éventre sa mère,
Assèche sa gorge amère
De tolérer tant d'outrances.

La terre est mère violente
Quand elle enfante des pierres
Brutes taillant des croupières
A ses courbes indolentes.

Mater nostra, qui non es in caelis….

Pourquoi diable dieu est-il un mâle barbu ?
Sa faconde féconda seule le néant
Et ses deux mains pétrirent la glaise d'Adam.
La vie jaillit sans que giclât son attribut.

Pourquoi doter le Créateur d'une verge
Si ses anges sont sans sexe ? Son descendant
N'est-il pas descendu sur terre en prétendant
Que, pauvre Joseph, sa mère est toujours vierge ?

L'homme sait d'où sourd la source de création.
L'envieux se venge en créant une religion
Régentée par de virils célibataires.

En adorant un dieu couillu, cet infâme
Veut mettre à genoux la puissance des femmes.
Un jour, une papesse le fera taire.

Déclaration de naissance

- Quel est ton nom ?
- Liberté
- Liberté comment ?
- Liberté *Égalité Fraternité*.
- Date et lieu de naissance ?
- 1790 à Paris.
- Pfft ! ...Un bien bel âge mais tes prénoms sont un peu désuets.
- Désuets ?
- Oui, ils vieillissent mal. Le monde moderne leur préfère *Équité, Solidarité*.
- Je les trouve moins chaleureux, un peu trop condescendants.
- Rassure-toi, ils tendent à disparaître au profit de *Disparité, Charité*.
- Saperlipopette !
- C'est ce prénom que tu donnes à ta fille ?
- Non ! Elle s'appelle Liberté *Chérie*.
C'est un tel amour que, en son d'absence, on tague son nom partout.

- Beaucoup d'hommes ont versé leur sang pour pouvoir l'écrire en toute légalité.
- Trop de femmes se font un sang d'encre pour qu'il soit écrit en toute égalité :

> *Sur les lèvres des femmes,*
> *Sur les cuisses des filles,*
> *Sur les ventres des mères,*
> *Écris son nom !*
>
> *Sous les couches des bébés,*
> *Sous les courses du ménage,*
> *Sous les coups-de-poing reçus,*
> *S'écrie son prénom.*

Mâle heureux

Que n'ai-je le ventre d'une mère !
Sentir grossir cette menue graine
Qui donne du sens à l'éphémère
Et du sourire à mes migraines.

Que n'ai-je la chance d'être maman !
Pouvoir chanter la faridondaine
A cette étoile du firmament
Qui luit dans le noir de ma bedaine.

Las ! Je ne connais ni la jouissance
D'avoir en moi le nombril du monde
Ni cette prodigieuse puissance
De faire jaillir sa bouille ronde.

Enfin l'enfant parait, ses doux areuh
M'enchantent, ses pa-pa-pa me sont chers.
Son babil me rendrait-il plus heureux
S'il provenait de la chair de ma chair ?

Impossible car je l'ai dans la peau
Cet ange que je dévore des yeux !
Quoique, si ce mignon petit crapaud
Avait crû en moi, je me croirais dieu.

Dieu n'est pas l'odieux père, vieux vicieux
Pour qui les fils sont donnés en festin.
Sous les clochers qui saillissent les cieux,
Sa nef est la matrice de nos diablotins.

Magnificat

*Je crois en toi
Qui croîs en moi.*

Chair de ma chair
Où tu t'endors
Doux corps-à-corps
Qui m'est tant cher.

*Je crois en toi
Qui croîs hors moi.*

Je te nourris
Doux tête-à-tête
Où tu me tètes
Et me souris.

*Je croîs en toi
Qui croîs sans moi.*

Belle-mère
Et grand-mère
S'agglomèrent
En la mère

*Je croîs en toi
Qui crois en moi.*

La mort n'est rien
Mon corps s'abat
Mais mon cœur bat
Au fond du tien.

A mort

Défeuillaison

Des creux à nénuphars
Jusqu'aux cimes des arbres
Le vert ronge eaux et forêts.
Herbages et feuillages
Colorent le ciel en bleu
Font prendre de l'âge
Aux fauves qui capturent
Ceux qui les pâturent.
Mais une bête noire,
Dents de fer, mâchoire d'acier,
Dévore tant ce vert
Que la terre écorchée
Se fâche tout rouge
Et repart chez sa mère
Qui vit à l'âge de pierre,
Loin des nuisances
De sa présence.
Sa lave vitrifiera
Insecticides, pesticides,
Herbicides, fongicides
Stigmates éternels
De présence humaine,
Preuves que l'homicide
Était un suicide.

Évanescence

Nom de nom ! Jure la vieille.
Elle perd un peu la tête
Et cherche depuis la veille
Le nom du mot qui s'entête
A rester coincé sur le bout
De sa langue fort bien pendue
A l'ordinaire. Vent debout
Contre cette traque éperdue,
L'insurgé saute dans un trou
De mémoire. Plus se creusent
Les méninges, plus le voyou
S'enfonce dans une affreuse
Amnésie d'où aucun terme
Ne resurgit. La dent dure,
Elle sait qu'il met un terme
A sa verve, rien ne dure.
Tout s'oublie, même le prénom
De ce satané Alzheimer
Qui vient de lui voler son nom.
Notre mémoire est éphémère.

Qui vivra verra

Qui se rit de la mort
Lui sourit sans crainte,
Dépérit sans plainte
Et périt sans remords.

Qui fait fi du sonneur
De l'heure secrète
Où la vie s'arrête
A trouvé le bonheur.

Qui gît dans le malheur ?
Celui qui est sous terre
Ou celui qui l'enterre
Fleurs en main, œil en pleurs.

Au terme de la vie

L'un jeûne pour rester jeune,
L'autre court pour allonger son cours,
Fort peu paressent de peur que vieillesse paraisse.
Des fous l'embobelinent, la ripolinent en roux.
Pommades et poudres pomponnent les pommettes,
Soulagent un corps qui se tord sous l'âge.
Des foudres de guerre tentent d'en découdre,
Tendent le derme, le rendent ferme,
Dézinguent le saindoux, blindent le sein mou,
Boudinent les babines, pralinent les rétines.
Toujours en vain, un jour le déclin les vainc.
Mieux vaut accepter d'être vieux.
Vieillesse prend racine dans le mot *vie,*
Elle en prolonge le terme tant qu'ils restent en bons termes.
Vivoter dévie la mort de son envie d'ôter vie.

Métamorphose

Se tasse le corps chargé d'ans,
Se creuse le ventre pansu,
Se décollent cheveux et dents,
S'envole au vent la chose sue.

Ayant perdu le nord, le vieux
Erre ci et rarement là,
Son bel esprit jadis curieux
A déjà fui dans l'au-delà.

L'été, la canne promène
Le traîne-savate-trouée,
Cherchant le chemin qui mène
Où son cercueil sera cloué.

Traînent les heures à crever
D'ennui, les fesses pisseuses,
Sans même pouvoir se lever
Quand vient la grande tueuse.

Chauve, édenté, teint laiteux
L'aïeul se transforme en bambin.
L'enfant gâté vire au gâteux,
Va au diable le chérubin.

Vieux envieux

Vieillir, c'est jeûner.
Bye bye ! Galipettes
Après la blanquette
D'un bon déjeuner.

Vieillir, c'est veiller
A bercer la mort
Au creux de son corps
Tout ensommeillé.

Vieillir, c'est mourir
Un peu chaque instant,
Chair flasque sentant
La peur de pourrir.

Mais mourir d'envie
D'être le doyen
Nourrit le moyen
De rester en vie.

Agonie

Elle sort des mots confus
Dans le rauque d'un râle
Aux teintes sépulcrales.
La faucheuse est à l'affût.

Elle sait sa minutie
A être toute proche
Lorsque le corps balbutie
Que son âme décroche.

Elle sent son haleine,
Depuis peu la vilaine
Taquine ses narines
D'une odeur assassine.

Elle suit son invite
A gagner l'éternité
Sans perdre sa dignité
Et expire au plus vite.

Jour des morts

Les arbres s'effeuillent
Sur les marbres en fleurs,
Des gens s'y recueillent
Cœur en deuil, œil en pleurs.

Chaque larme versée
Dans le vieux cimetière
Glisse sur les pensées,
File sous la bruyère,

Ourle le chrysanthème.
Rouges, jaunes, les pots
Hurlent de vifs « je t'aime »
A l'aïeul en repos.

Jour de retrouvailles
Où l'éclat des couleurs
Chasse la grisaille
De ce lieu de douleurs.

Jour qui nous révèle
Qu'il faut se souvenir
Que le mort recèle
Notre sort à venir.

Mezza voce

Couchée sous la pierre,
Rongée par la terre,
Tu te décomposes.

Penché sur la pierre
Rognée par le lierre,
Je te recompose.

Les vers t'asticotent
Et tes chairs gigotent
Au diable vauvert.

Mais ta voix chuchote
Un air qui sanglote
Au rythme de mes vers.

Mort ou vif

Les os de nos morts sont l'objet de moult cultes.
Là, l'on lave la chair pourrie des exhumés,
Ailleurs, l'on nourrit les cadavres inhumés,
Chez nous est fleurie leur sépulture occulte.

La brousse africaine héberge les ancêtres
Dans un lopin de terre sans croix ni pierre,
Un coin de poussière sans pleurs ni prières
Où béguètent quelques cabris en mal-être.

La peau sur les os, les gens ont faim de vivre.
Ventres vides et bouches édentées vantent
L'obscure présence des âmes qui hantent
Tout, entrent partout à force de survivre.

Voilà qu'elles emplissent mon cœur de remords,
Moi qui offre gîte et gerbe à un disparu
Pendant qu'un vivant crève de froid dans ma rue,
Moi qui le chasse mourant et l'enchâsse mort.

L'aïeul que j'enterre dans un riche décor,
Que j'ai proscrit longtemps avant son agonie,
Ces pauvres le chérissent, sale et racorni,
Tant qu'un esprit se terre au fond de son vieux corps.

Armistice 1918

L'arc s'illumine, le président ranime
La flamme d'un soldat que le feu ennemi
A refroidi. L'inconnu est une momie
Où s'encaquent dix millions de victimes.

La nation commémore les souffrances
Des chairs à canon qui ont farci sa gloire,
Même l'Alsace célèbre la mémoire
De ses casques-à-pointe morts... pour la France.

A présent, le Rhin coule en paix entre boches
Et poilus. La grosse Bertha fait bamboche
A Paris quand Madelon chopine à Berlin.

Mais le moindre virus gangrène les membres
D'une Europe où, sur les stèles de novembre,
Pourrait se graver le nom de ses orphelins.

Héros, héros, petit patachon...

Il était une bergère
Et ron et ron petit patapon
Il était une bergère
Qui gardait ses moutons, ron ron
Qui gardait ses moutons.
Jeanne la Lorraine
Et ron et ron petit patapon
Jeanne la Lorraine
Que grilla un cochon, ron ron
Que grilla un Cauchon.
On fit de sa flamme
Et ron et ron petit patapon
On fit de sa flamme
L'oriflamme d'une nation, ron ron
L'oriflamme d'une nation.

La plupart des héros
Qui hantent nos hérauts
Sont des va-t-en-guerre.
Il n'y en a guère
Où une colombe
A mis sur la tombe

Un rameau d'olivier.
Vive les éperviers !
L'on bénit Attila
Et bannit Teresa,
Adoube Guevara
Et boude Mandela.
Gens d'armes, gens de paix
N'ont pas même respect.
Quoi qu'il ait massacré,
Bonaparte est sacré,
Son crime est pardonné.
Mais ceux qui ont donné
Leur vie aux gueux damnés
Sont souvent condamnés
A sombrer dans l'oubli.
Un Thiers est ennobli
Alors que justice
Voudrait que périsse
Ce boucher infâme
Et qu'enfin des femmes
Surgissent en nombre
D'un passé moins sombre.
Se piquer d'héroïnes
Plongerait sous morphine
La hargne des héros,
La harpe des hérauts.

11 novembre 2020

Cent deux ans que poilus ou bleuets imberbes
Sont morts par millions de peur de vieillir germains.
Un inconnu illustre ce magma humain,
Sa flamme s'incruste en un amas de gerbes.

Pourquoi est-il mort quand un drapeau étoilé
Bleuit de paix le rouge sang des bannières
Ennemies, qu'ont cicatrisé les ornières
Meurtrières, qu'ont disparu les barbelés ?

Sait-il que dans la boue du champ de bataille
Engraissée de chairs hachées par la mitraille
Pousse un olivier et chante une colombe ?

L'eût-il su, eût-il été tout feu tout flamme
Pour défendre les couleurs d'une oriflamme
Qui flétrit tant de vies, fleurit tant de tombes ?

Noël

Est doux ce soir de fin d'année,
Bruisse le feu de cheminée,
Brillent les yeux des galopins,
Bouche en cœur devant le sapin.

Est dur ce soir de fin d'année
Maugrée le gueux infortuné.
Un mauvais vin coupe sa faim,
Un méchant vent cogne sans fin.

« Il est né le divin enfant »,
Aux sons du hautbois triomphant
Notre fouineur de dépotoirs
Crève de froid sur le trottoir.

Le pauvre joue de malchance,
Noël est jour de bombance
Quand les poubelles vomissent
La sainte nuit de délices.

Amertumes

Feuillages

Vert pomme au temps des cerises
La feuille s'altère au soleil,
Se désaltère sous la pluie,
De verre en verre,
Prend de la bouteille,
Se couperose,
Jusqu'à s'écrouler,
Givrée à mort,
Dans les ors de l'automne.

Clairs sont les fils d'avril
Qui passent dans le chas
De l'aiguille neuve du sapin.
Ils sombrent vite
Dans le vert de gris
Que le lichen tisse
Sur la tristesse
De la vieillesse.

Feuille-âge

Au haut de la montagne,
La tête dans les étoiles,
Le vieux sapin perd la boule
Et rabâche au chêne
Qui ne peut déguerpir
Le charme du père Noël
Que nul hêtre ne connaît.
D'arbre en arbre
Le vent colporte
Ce que, du soir au matin,
Le vieillard radote.
Aulnes et ormes tendent l'oreille,
Un brin jaloux de ne pouvoir effeuiller
La douceur de cette nuit.
Leur hôte le gui
Leur ôte l'envie.
Il leur faut être durs
De la feuille pour qu'elle perdure
Durant le froid glacial.
Le pin la rabougrit
En longue et fine aiguille
Où s'enfilent les ans.
Le houx hérisse de piques
Le limbe qu'il cuirasse.
Les autres, plus nombreux,
Trouvent qu'un automne
Où voltigent les couleurs
Est bien moins monotone
Qu'un long hiver atone.
Le temps n'en vaut pas tant.

L'éveil des sens

Maintenant qu'elle est au goût du jour,
La vue entend nous mener par le bout du nez,
Sages comme des images.
Interdits, les autres sens voient rouge.
Ils ne peuvent plus sentir cette touche-à-tout
Aux yeux plus gros que le ventre
Qui leur rabat les oreilles
Sur la victoire du paraître.
Non seulement ils goûtent peu
Ce point de vue insensé
Mais les yeux leur sortent de la tête
Quand cette m'as-tu-vu s'affiche
Au vu et au su de tous,
Sûre de gagner, les doigts dans le nez.
En fait, elle se met le doigt dans l'œil.
La nuit, lorsqu'elle pique du nez
Et dort sur ses deux oreilles,
Ses compagnons sont sens dessus dessous,
Chacun comme il l'entend.
Les langues se goûtent,
Les peaux s'attouchent,
L'on se sent bien, les yeux fermés...
Au matin, elle se mord les doigts
D'avoir été mise à l'index.
Mais voilà que, mordu,
Le petit doigt craque
Et lui confie sur l'oreiller
Que l'amour est aveugle.
La croqueuse broie du noir.

Patience et longueur de temps...

Je redoute une torgnole
Mais papa prend sa voix rêche.
Du creux de ses lèvres sèches
Sourd un torrent de paroles.

Leur ton se hérisse d'accents
Tant graves qu'ils bouleversent,
Si aigus qu'ils me transpercent.
S'écoulent des larmes de sang.

Crépitent de sa bouche à feu
Des rafales de mitraille
Qui perforent mes entrailles.
Suinte un liquide suiffeux.

Une tape sur les fesses
Aurait rougi la peau pétrie.
M'aurait-elle autant flétri
Que cette langue qui blesse ?

Égarés, ados ou marmots
Trouvent plus vite leur chemin
En recevant un coup de main
Qu'en s'embourbant dans de gros mots.

D'affreuses vociférations
Ou une volée de bois vert
Ne corrigent pas les travers
Et sont d'horribles agressions.

... font plus que force ni que rage.

A vue de nez

Amoureux, Cupidon bande
Son arc, décoche sa flèche.
Qu'importe où elle se fiche
Pourvu que son dard pourfende,
Droit au cœur, le plus revêche
Qu'il soit très pauvre ou fort riche !

Frigide, Thémis se bande
Les yeux pour que sa balance
Ne soit pas tarée d'agréments.
L'indigente qui truande
Ou l'escroc dans l'opulence
Sont châtiés aveuglément.

La vertu aux lois sans émoi
Et l'amour aux émois sans loi
Maîtrisent parfaitement l'art
De jouer à colin-maillard.
Sous deux yeux clos, leur grand nez sent
Qui est misérable ou puissant.

On-dit

L'on dit que le silence est d'or,
Et que l'on dîne quand on dort.
Maudit soit le prince charmant !
Se dit la belle au bois dormant.

L'argent ne fait pas le bonheur,
Dit celui qui vit ce malheur
De riche. Pauvre malheureux
Qu'envient bien des miséreux.

L'on dit la justice aveugle,
Un bœuf vit dans l'œuf où meugle
La poule de joie que l'on trait,
Pleins seins, pis qu'une vache à lait.

Non-dit

Entendre un mot qu'un geste dit
Laisse souvent abasourdi,
Que dire de ces bavettes
Taillées au bar des buvettes ?

Le beaujolais noie l'interdit,
De verre en verre on s'enhardit,
Le zinc, chargé de paroles
Lourdes de secrets, décolle.

Volent au ciel enfin libres
Les maux pénibles à dire,
Collent au gosier les non-dits
Qui n'ont pas droit au paradis.

Cancans

Est mal de médire
Avec sévérité,
Quand toute vérité
N'est pas bonne à dire.

Alors quand dira-t-on
Qu'il est malsain d'ouïr
Tous ces qu'en-dira-t-on
Qui nous font tant jouir ?

Double jeu

- Ton jeu n'en vaut pas la chandelle.
- Ah ! Tu vois clair dans mon jeu.
- Je l'ai vu d'entrée de jeu.
- T'as beau jeu de critiquer. Que proposes-tu ?
- Jouons plutôt à colin-maillard.
- OK, j'en ai le feu aux joues.
- J'aime que tu joues avec le feu.
- J'ai les yeux bandés. On joue ?
- En joue, feu !

Les jeux sont faits, rien ne va plus.

Triple je

Égoïste, j'ai tellement d'ego
Que je joue joliment du double *je*.
Nombriliste, je me frotte aux gogos
Qui gobent goulûment tous mes *moi je*.
Belliciste, j'enfonce mon ergot
Dans le ventre de qui n'entre pas dans mon *je*.

Proscrit en crise

Je crie
Mes mots,
Ton nez ne se lève pas.
J'écris
Mes maux,
Ton œil ne s'y pose pas.

Toujours je me récrie,
Jamais tu n'y souscris.
Auras-tu du remords
Lorsque je serai mort ?

Café-théâtre

L'aube luit, la grive pépie, l'herbe larmoie,
Se déplient les tables de la terrasse,
Déjà des gens y rient, d'autres bavassent.
J'épie le petit noir qui fume devant moi.

Giclé d'un zinc lugubre ce black étrange
Ensoleille la narine qui l'inhale
Émerveille la babine qui l'avale.
Son haleine monte aux nues, je suis aux anges.

Longtemps je bois des yeux le griot clandestin,
Gri-gri qui broie le noir de mes petits matins
En ouvrant mes persiennes au bonheur du jour.

Ma lippe l'agrippe, l'Afrique m'envahit,
Son fin filet fouette le sang, m'ébahit
D'une joie de vivre simple comme bonjour.

Côte du Rhône

Un clochard se pinte sous midi qui tinte,
Dès le deuxième coup le gros rouge rosit
Ses joues, le quatrième les voit cramoisies,
Sa peau grise, noircit, prend toutes les teintes.

Rendant coup pour coup, il grimpe au septième ciel
Bouffi d'épais brouillards givrants. Des noms d'oiseaux
Volettent sur le passant pinçant son naseau
Truffé d'odeurs de paradis artificiel.

Complètement sonnée, sa tête bourdonne.
Onze mille dames-jeannes lui fredonnent
Leur envie de se couler dans son sac-à-vin.

Il y dort tout son soûl, un gosier asséché
Le réveille, soif d'enfer qu'il va étancher
Dans tout bénitier qui convertit l'eau en vin.

Côte d'Azur

Une mer molle berce à petits clapotis
Grains de sable, sel, peaux que le soleil tanne.
Les vieux perdent la boule sous les platanes
Quand elle valse au rythme fou des cliquetis.

Se coulant dans le décor, le pastis jaunit
La glace que le verre noie et la face
Du boit-sans-soif qui de jour en jour s'efface
Dans le lointain trou noir d'une étoile d'anis.

Peuchère ! Badiane, fenouil, coriandre ...
Cette mominette, faut pas s'y méprendre,
Contient plus d'ingrédients qu'une soupe au pistou.

Ainsi grogne l'ivrogne en mangeant la moitié
De ses mots et crachant le reste au monde entier
Dans un gros rire jaune qui emporte tout.

Cures de campagne

Sapristi ! Brait le curé
Du fond de la sacristie
Se retenant de jurer
Sur le ciboire aux hosties.

Marre de ce régime
Sans sel de messe basse
Avec son pain azyme
Et l'eau dans la vinasse !

Sitôt descendu de chaire,
Il couraille chez sa chère
Bonne où il fait bonne chère
D'ouailles aux grasses chairs.

Qui rit aux champs est rat en ville

Dans la brousse africaine un gros rire heureux
Dénoue les pagnes aux courbes incendiaires,
Secoue les noires pensées que la poussière
De l'harmattan dépose dans les ventres creux.

Se partage en quatre le trois fois rien de mil
Quand un squelette sans dent surgit dans la cour
La main tendue, certain de trouver du secours
Tant qu'un épi tapisse encore le fenil.

Se ravigote en bon vivant ce meurt-de-faim
Dès que les masques mettent en transe un défunt,
Le dolo sort du bidon, l'esprit est ravi.

Cultivé, il enterre son âme en ville,
Entoure de murailles son domicile,
L'enflure de sa bourse rabougrit sa vie.

Défaut de concentration...

A trop bien se penser le centre du monde
L'homme a quelques problèmes de concentration.
Truffé d'enseignement jusqu'à l'agrégation
Son crâne pond d'immenses villes immondes.

Veaux, vaches, cochons et couvées s'agglomèrent
Par centaines, reclus dans des geôles putrides.
Les champs dépassent les bornes, le soc les ride,
Met aux fers les blés pleurant l'âge de pierre.

Habile à dénaturer la diversité,
L'animal se plante dans l'uniformité,
Assimile l'autre culture ou l'extrade.

Vieux, fous ou pauvres sont concentrés dans des camps
Où ils vivotent, où sont morts le pratiquant
D'une autre religion et l'esprit nomade.

                      ...excès de concentrations

Virus de bêtes sauvages

Çà et là, un virulent virus traînaille.
Le minus terrifie. Les vivants se terrent,
Râlent seuls, meurent par centaines, s'enterrent
En quarantaine, sans pleurs ni funérailles.

Les visiophones de nos maisons-d'arrêt
Nous saoulent de moult échanges sans étancher
Notre soif de déguster les mots épanchés
Bouche bée, bus cul sec au zinc d'un cabaret.

Qu'il expire ou respire, le proche inspire
La peur. A l'écart, masqué, au venin pire
Qu'un serpent, il crache l'air qui nous terrasse.

Adieu embrassades, mains que l'on serre !
Les doigts de l'ami sont devenus des serres
Acérées, sa lèvre est un bec de rapace.

Ruées vers l'or

Tant pleurent les arbres que des torrents salés
Dévalent les vallées salies par les hommes.
La neige que défoncent hôtels et homes
Vomit dans les bois ses monstrueuses allées.

S'en va le vieux chalet, l'or blanc gratte le ciel.
S'abat son vieux bouleau, l'or vert ne mordore
Nullement verdure et ramure, il dore
Le cœur des troncs où l'ours mal velu fait son miel.

Plus aucune essence ne secrète l'or noir
Source de bien des transports troublant nos terroirs.
Reste l'or jaune, celui que l'on préfère.

Les plus cavaliers se ruent sur l'étalon,
Tuent, se tuent à trouver un bon filon
Vestige du bonheur de l'âge aurifère.

Couleurs

Trop rouge, l'amérindien fut saigné à blanc,
Trop noir, l'africain fut blanchi sous le coton,
Trop jaune, le thaï fut pressé comme un citron,
Plus d'un devint marron en ce passé troublant.

Trop superficiel, l'œil de l'aïeul n'a pas vu
Qu'est chair toute couleur sous la peau humaine,
Que nul sang bleu ne teint le vermeil des veines,
Que l'or luit souvent dans le cœur des dépourvus.

De nos jours est noirci celui qui déplume
Une poule au lieu de roussir des légumes
Bien inférieurs à nous puisque leur sang est vert.

La nuit, tombe sur le poil de sa compagne
Le mâle absolu, peur bleue battant campagne
A l'arme blanche après des volées de bois vert.

**Charité bien ordonnée
     Commence par soi-même**

Si la giboulée de mars se rit d'asperger
Une nuée de migrants ayant fui l'hiver,
Mai-juin voit cette grêle noire aux reflets verts
Taveler le rouge cerise des vergers.

Tintent les coups de bec, bruissent les feuillages
Où la troupe affamée de pillards piaille
Sans vergogne. L'arbre leur offre ripaille
Pour que se dissémine son héritage.

S'envolent par monts et par vaux les lourds noyaux
Que crache ou conchie cette bande d'étourneaux.
Hôte et commensaux se donnent un avenir.

Accueillir les meurt-de-faim est enrichissant,
Dans les veines de ces étrangers coule un sang
Neuf que la vieille Europe boit pour rajeunir.

Désespérantes errances

Ils n'ont que des noms à coucher dehors
Et des histoires à dormir debout,
Ces bougres de bougres venus d'ailleurs.
Ceux qui ne passent pas par-dessus bord
Nagent dans la joie avant qu'une boue
Ourlée de barbelés noie leur bonheur.

Leur chien est mieux traité, grognent ces gueux
Bavant sur l'os de nos toutous chéris
Tenant salon au fond de nos maisons.
Chacun d'eux caresse l'espoir fougueux
D'être une toute petite souris
Chipoteuse de mailles de prison.

S'ils sortent, le pandore les traque.
Les cachent des gens humblement humains,
Des hors-la-loi frappant d'indignité
Nationale un État qui matraque
De maigres doigts quêtant un coup de main.
Le bon droit est en mal d'humanité.

Le jaune est fait pour le pousse-pousse
Comme le noir pour le coupe-coupe,
Que tambourinent leurs ventres vides
Dans les rizières ou dans la brousse
Et nous ne battrons plus notre coulpe
Quand la grande bleue les rend livides !

Est-ce que seule une peau bien claire
Exsude des idées aussi sombres ?
Tous les pores gras en sont engorgés.
Où qu'il soit, nulle bonté n'éclaire
Le cossu quand l'intrus sort de l'ombre.
Étrangement semblable est l'étranger.

Le mot passe, le vers dure

Délivrée des pires contraintes
De soumettre aux rimes, césures
Ou mètres ses pleurs, la complainte
Soupire aujourd'hui sans censure.

Nous émerveillent ses mots follets
Où foisonne un souffle mélodieux
Qui frissonne et s'amollit mollet
Dès qu'ils ne dansent plus sous nos yeux

Alors que bout toujours la colère
D'Achille ancrée dans la mémoire
D'aèdes scandant les chants d'Homère
Par cœur en chœur et sans grimoire.

O temps, suspends ton vol ! Clapotent
Dans nos têtes rames et rimes
De ces vieux vers qui asticotent
Nos cœurs quand l'amour les déprime.

Rimes en vers

Depuis qu'un indien a découvert
L'art de mettre l'été en hiver,
Le poète ente les faits divers
D'idées hantant son esprit pervers.
Il les composte à l'aide de vers
Qui grouillent à tort et à travers
Dans des mots gribouillés à l'envers
Pour que de rage ils deviennent verts
Et nous envoient au diable vauvert
Trouver le chemin qui monte vers
Le grand mystère de l'univers.

Vers sans rimes

Elle sentait bon la rose,
La rosée perlait le rouge de ses lèvres,
J'en fus fou,
Je me penchai sur son col
Si beau, si doux,
Sa robe se froissa,
L'indignée m'égratigna,
Mon cœur s'épancha,
Sa fleur s'empourpra.

Amarres

Feuillaisons …	11
Feuilles …	12
Double vie …	13
Ombres et lumières …	14
Soir d'été …	15
Le chant de la terre …	16
Triste comme la pluie ….	17
Eaux troubles…	18
Septembre noir …	20
Eaux vives …	21
Tonnerre de Brest …	22
Pans de loques ….	23
Noël au Léon …	24
Lisières ….	25
Orées vespérales …	26
Orées infernales …	27
Orées Aurorales …	28
Lumineuse sylviculture …	29
Sans les géants vient le néant …	30
Danse de Saint-Guy …	31
Silence glacial …	32
Douche écossaise …	33
Eaux mortes -*Eaux fortes* …	34
Les quatre éléments …	35
Pierre de touche …	36
Ages de pierre …	38
Labourage des pâturages …	39
Tout n'est pas bon dans le cochon …	40
Bestialité …	41
Salades de saison	42

Amis

Effeuillement …	47
Entre chien et loup …	48
Raminagrobis …	49
Chat-huant …	50
Foi d'oie …	52
Basse-cour …	53
Accord de basse-cour …	54
Correspondances …	55
Cliquetis de chaîne alimentaire …	56
De mal en pis …	57
Vallées vosgiennes …	58
Vols d'oiseaux …	59
Le rouge-gorge …	60
Ecole buissonnière …	62
Pique-nique …	63
Qui se sent morveux …	64
Noir destin …	66
Proie et prédateur …	67

Amours

Effeuillage …	79
Printemps ….	80
Mars …	82
Au fil d'avril …	83
Chaleurs estivales …	84
Tableau champêtre …	86
O tempora, o mores …	87
Le baiser à mort de Casanova …	88
Effusions …	89
Mon amour …	90
L'amour fou …	91
La nuit des temps …	92
Cupidon …	93
Promenade dominicale …	94
Près des yeux, près du cœur …	96
L'union fait la faible …	97
L'un fait la noce, l'autre n'y est pas …	98
Belle hétaïre …	99
Démon et merveilles …	100
Mon dieu …	101
Le viol originel …	102
Mater nostra qui non es in caelis …	103
Déclaration de naissance …	104
Mâle heureux …	106
Magnificat …	108

A mort

Défeuillaison …	103
Evanescence …	104
Qui vivra verra …	105
Au terme de la vie …	106
Métamorphose …	107
Vieux envieux …	108
Agonie …	109
Jour des morts …	110
Mezza voce …	111
Mort ou vif …	112
Armistice 1918 …	113
Héros, héros, petit patachon …	114
11 novembre 2020 …	116
Noël …	117

Amertumes

Feuillages …	121
Feuille-âge …	122
L'éveil des sens …	123
Patience et longueur de temps …	124
A vue de nez …	125
On-dit …	126
Non-dit …	127
Cancans …	128
Double-jeu …	129
Triple je …	130
Proscrit en crise …	131
Café-théâtre …	132
Côte du Rhône …	133
Côte d'Azur …	134
Cures de campagne …	135
Qui rit aux champs est rat …	136
Défaut de concentration, …	137
Virus de bêtes sauvages …	138
Ruées vers l'or …	139
Couleurs …	140
Charité bien ordonnée …	141
Désespérantes errances …	142
Le mot passe, le vers dure …	144
Rimes en vers. Vers sans rimes …	145

Du même auteur

Si tu cries dans la forêt…
        Les impliqués éditeur
                Mai 2016

La mort aux dents
        Eclair reproduction
                Décembre 2017

Langues des bois
        Edition BoD
                Mars 2020